FÜR UNS GEBOREN AM WEG

Erwin Knam
Sieger Köder

FÜR UNS GEBOREN AM WEG

Ein Franziskusbuch

Schwabenverlag

2. Auflage 1997

Umschlaggestaltung und Layout: Wolfgang Sailer, Schwabenverlag
Umschlagbild: Sieger Köder, Wandbild Franziskuskapelle (Ausschnitt)
Satz: Schwabenverlag AG, Ostfildern
Reproduktionen: C+S Repro, Filderstadt
Druck: Süddeutsche Verlagsgesellschaft, Ulm
Bindearbeiten: Großbuchbinderei Monheim, Monheim
Printed in Germany

ISBN 3-7966-0899-X (Hardcover-Ausgabe)

Für meine Kinder und Freunde

Oft stand ich als Kind am Bodensee – dort ist meine Heimat – und habe zugeschaut, wie Wellen im neckischen Spiel ein Stück Holz ans Ufer geschwemmt haben. Eine kurze Zeit blieb es dort liegen, bis eine größere Welle es erneut mitriß und an anderer Stelle ans Ufer spülte. Dem war nett zuzuschauen. Schließlich war es auch egal, wo dieses Stückchen Holz verfaulte. Schlimm aber ist es, wenn solches Strandgut – Kinder sind.
Kinder werden völlig hilflos, schwach und wehrlos geboren. Sie brauchen mehr als alle anderen höheren Lebewesen den sozialen Mutterschoß der Familie, um aufzublühen. Es ist ihr größtes Glück im Leben, wenn Mutter und Vater als ihre »ersten Götter« sie bergen, annehmen und ins Leben geleiten. Wenn ihr Urvertrauen positiv beantwortet wird. Wenn sie schon mit der Muttermilch in sich hineintrinken können: Es ist schön zu leben. Ich bin kein wertloses Strandgut.
Wenn es aber ein solches ist? Wenn es abgelehnt, unerwünscht, allein gelassen wird? Wenn es vor den Großen nur Angst, Trennungsangst, Todesangst erlebt, die sein Herz fürs ganze Leben mit der schwersten Wunde verletzt? Wenn es, älter geworden, resigniert fragt: »Warum bin ich bloß geboren? Es ist nicht schön zu leben.« Gibt es ein schlimmeres Unglück für ein Kind? Nicht umsonst hat sich Jesus schützend vor solche Kinder gestellt, hat sich mit ihnen identifiziert: »Wer ein solches Kind in meinem Namen aufnimmt, nimmt mich auf. Wer ihm aber Ärgernis bereitet, dem wäre besser, wenn ihm ein Mühlstein um den Hals gehängt und …«

Betroffen von solch unsagbarer Kindernot – es gab sie zu allen Zeiten – haben sich schon 1828 Ellwanger Bürger zusammengetan, um »Kinder zu retten«. Bereits 1830 gründeten sie die Kinderrettungsanstalt »Marienpflege«, benannt nach der Tochter König Wilhelms I., heute die älteste Jugendhilfeeinrichtung in kirchlicher Trägerschaft im Südwesten Deutschlands. Kinder wollten sie retten, die als Strandgut in die Mauern eines ehemaligen Kapuzinerklosters geschwemmt wurden, in Kriegszeiten über 300! Sie wollten ihre Ursehnsucht nach Annahme, ganzheitlicher Förderung, Heilung und Orientierung erfüllen und so die Kinder in ein gelingendes Leben geleiten.
In nahezu 170 Jahren hatte die Marienpflege eine wechselvolle Geschichte, vor allem in diesem Jahrhundert. Immer war sie bemüht, auf die jeweilige schwere Kindernot die Antwort zu geben, die die jeweilige Zeit erheischte, vor allem auch, als im Dritten Reich Kinder für die Vergasung selektiert werden sollten. Der damalige geistliche Heimleiter hat sich mit seinem eigenen Leben schützend vor sie hingestellt. Kein einziges wurde abgeholt.
Nach dem Zweiten Weltkrieg ist die Marienpflege ein Kinderdorf geworden, um das sich heute ein Kranz von erzieherischen, bildenden, therapeutischen, beratenden, präventiven und familienunterstützenden Hilfen entwickelt hat. In seiner Mitte jedoch steht die Franziskuskapelle, von der dieses Büchlein erzählen wird.
Was nützen den »unschuldig leidenden Kindern« (Dostojewski) aber die schönsten Mauern, wenn in ihnen nicht Menschen leben, die ihnen mütterliche und väterliche Geborgenheit geben? Die das »Kinder-Strandgut« retten, bergen, heilen und fördern? Die

wie Franziskus sich dieser »Aussätzigen«, Ausgesetzten, Schwachen, Hilflosen annehmen? Es sind Franziskusschwestern aus Sießen, es sind Frauen und Männer, die menschlich, fachlich und christlich die Sehnsucht der Kinder nach einem familiären Nest, nach Freiheit und jugendgemäßem Leben täglich neu zu beantworten suchen.
Doch allein gelassen könnten sie dies niemals. Durch gute Menschen im Freundeskreis erfahren sie die Ermutigung, um angesichts der völlig unzureichenden öffentlichen Unterstützung nicht auszubrennen und zu resignieren. Es ist wunderbar, wieviele gute Menschen unsern Kindern Freund sein wollen. Auch Franziskus sah sein ganzes Leben als ein einziges »Zurückerstatten« an, als ein einziges Danken für all das, was ihm an Liebe zuvor durch Gott und die Menschen geschenkt worden ist. »Zurückerstatten« in Erinnerung an das Glück der eigenen Kindheit, das gilt auch für unsere Kinderdorfgemeinschaft und ihre Wohltäter. Durch sie konnten bisher viele tausend Jungen und Mädchen als »Strandgut« gerettet werden. Durch sie haben sie ihren guten, verantwortlichen Weg in ein gelingendes Leben gemacht. Welches Werk auf Erden könnte wesentlicher und fruchtbarer sein als dieses?
Ich danke dem Schwabenverlag, daß ich als Kinderdorfvater, seit 38 Jahren schon mit den Kindern in der Marienpflege lebend, dem Franziskusbändchen für unsere Freunde dieses persönliche Wort des Dankes anfügen konnte.

Erwin Knam

Vorwort

»Geh, baue mein Haus wieder auf. Du siehst doch, wie es zerfällt.« Franz von Assisi vernimmt dieses Wort 1205, als er in der baufälligen Kapelle von San Damiano betet. Er faßt es ganz wörtlich auf. Gleich fängt er an zu mauern und zu mörteln. Erst Jahre später erkennt er seinen eigentlichen Sinn: Er soll die Kirche aus lebendigen Steinen wiederherstellen.
Auch das Kinderdorf in Ellwangen hat dieses Wort vernommen. Denn auch da gab es eine baufällige Kapelle, die fürs Waisenhaus 160 Jahre lang Viehstall und dann Turnhalle gewesen war. Von 1990–1992 wurde sie unter der Leitung von Architekt Hans Tröster wiederhergestellt und in den folgenden Jahren von Sieger Köder franziskanisch, fröhlich, fromm als Franziskuskapelle ausgestaltet. Beim Malen hat ihm Sr. Friedlinde Hoffmann geholfen. In der Gestaltung von Altar und Kreuz-Tabernakel-Stele haben alle drei zusammengearbeitet. Doch auch wir haben erfahren, daß das Wichtigste nicht die Mauern, sondern die lebendigen Menschen sind, denen die Kapelle nun geistliche Mitte im Kinderdorf geworden ist.
Die Kinderdorfgemeinschaft freut sich, daß wir Sie mit diesem kleinen Bildband an der Ermutigung und Freude teilnehmen lassen können, die sie uns täglich schenkt.

Ellwangen, im Juni 1997 *Erwin Knam*

Franziskuskapelle, Außenansicht

Für uns geboren am Weg

So lautet der Buchtitel. Stimmt er denn? Wurde Franz nicht in einem reichen Haus 1182 in Assisi geboren? War sein Vater nicht ein angesehener Kaufmann, der seine Geschäfte bis nach Südfrankreich ausdehnte? Hatte der junge Franz nicht alles, was sein Herz begehrte: Mutter, Vater, Haus, Ansehen, Freunde und vor allem Geld…? Lebensfroh und ausgelassen konnte er mit seinen Freunden die Jugend verbringen. Aber Tuchhändler werden wie der Vater? Nie. Er wollte höher hinaus. Ritter, das wäre etwas. So war er mit 16 Jahren dabei, als die Bürger 1198 die von den Staufern besetzte Burg erstürmten und zerstörten. Anschließend verjagten sie gleich noch die Adelsgeschlechter, die in Perugia Zuflucht fanden. So kam es zum Städtekrieg, der mit einer Niederlage und schwerer Gefangenschaft für Bruder Franz und seine Gefährten endete. Kaum wieder daheim, ließ er sich erneut anwerben zum Kampf gegen die Staufer in Apulien. Immer suchte er Größe. Spießbürger war er niemals. Er war hochherzig, ritterlich, niemals halb.

Aber »für uns geboren am Weg«? Dieses Wort stammt von Franz selbst. Er hat es in einem Weihnachtshymnus über Jesus geschrieben:

»Das heiligste, geliebte Kind ist uns geschenkt,
für uns geboren am Weg und in die Krippe gelegt,
weil es in der Herberge keinen Platz hatte.«

Gilt dies Wort auch für ihn selbst? Gewiß, seit seiner Enterbung im Jahre 1206. Er hatte kein Haus mehr, keinen Vater, kein Geld, kein Ansehen, kein bißchen Sicherheit. Die Straße wurde seine Heimat. Aber er wußte lange nicht, wohin sie führen würde. Jahrelang suchte er nach seinem Weg, denn Ritter wollte er nicht mehr werden. Aber was dann? Endlich, er war schon fast 27, da wird ihm in Portiunkula klar, welchen Weg er gehen sollte: »Geh zu den Menschen, aber ganz arm, verkünde ihnen das Reich Gottes und bringe ihnen Frieden.« Bald kamen Gefährten zu ihm. Auch ihnen sagte er:

»Alle Brüder sollen bestrebt sein,
der Demut und Armut unseres Herrn Jesus Christus
nachzufolgen.
Sie müssen sich freuen, wenn sie mit gewöhnlichen
und verachteten Menschen verkehren, mit Armen
und Schwachen und mit Bettlern am Wege.«

Jesus war sein Weg. Diesen Weg ging er ohne Wenn und Aber.

»Am Weg geboren« – gilt dies nicht auch besonders für Kinder, die aus dem bergenden Nest der Familie gefallen sind? Die ihre unerfüllte Sehnsucht nach diesem Nest nachts in ihre Kissen weinen? Ist dies nicht das schwerste Kinderschicksal, seit es Menschen gibt? Denn jedes Kind kommt völlig hilflos, unfertig, wehrlos auf die Welt. Es kann nur hoffen, daß sein Urvertrauen von den Erwachsenen liebend beantwortet wird. Deshalb stellt sich Jesus selbst schützend vor solche Kinder hin.

Um »Kinder zu retten« haben 1830 Ellwanger Bürger in einem ehemaligen Kapuzinerkloster eine »Kinderrettungsanstalt« gegründet. Aus ihr ist die älteste katholische Jugendhilfeeinrichtung Südwestdeutschlands hervorgegangen. Schon seit 167 Jahren werden Kinder als »Strandgut« in seine Mauern gespült, daß sie dort Annahme, Förderung, Orientierung und Heil für ihren Weg in ein gelingendes Leben finden.

Franziskuskapelle, Innenansicht

Nach dem letzten Weltkrieg wurde das Heim in ein Kinderdorf umgewandelt. Es ist heute ein Zentrum der Jugendhilfe mit vielfältigen erzieherischen, bildenden, heilenden und präventiven Angeboten für »Kinder, am Wege geboren«. Um dies zu erreichen, wurde in den vergangenen fünfzig Jahren viel gebaut. Aber die Kinder suchen nicht Mauern, sie suchen Menschen, die sie annehmen, aufnehmen, gern haben. Das Kinderdorf ist glücklich, daß in ihm Franziskus-Schwestern aus dem Mutterhaus von Sießen wirken, die es zusammen mit der Dienstgemeinschaft als ihre Berufung ansehen, solchen »Kindern am Weg« zu dienen und darauf zu vertrauen, daß die leidvolle Kette des Unheils, die die Kinder fesselt, zerbricht und die jungen Menschen in neugewonnener Freiheit den franziskanischen Segen für ihr Leben erfahren:

Pace e bene
Frieden und Heil.

Erwin Knam mit einer Gruppe Kinder im Kinderdorf

In drei großen Kunstwerken hat Sieger Köder Ereignisse aus den letzten drei Lebensjahren des heiligen Franz dargestellt:

1223: Franz feiert das Weihnachtsfest mit Krippe in Greccio (Rückwand)

Im Frühjahr 1220 kehrte Franz aus dem Heiligen Land nach Italien zurück. Es war ihm nicht gelungen, Frieden zwischen den Kreuzrittern und dem Sultan El Khamil zu stiften. Auch in Italien gab es Unfrieden und Streit. Schwer litt er darunter, daß die Liebe zu Jesus in den Herzen vieler Christen erloschen war.

Deshalb hatte er den Plan, das Weihnachtsfest 1223 in einer Höhle bei Greccio so zu feiern, daß die Menschen mit allen Sinnen die Geburt Jesu erleben könnten: »Ich möchte in Greccio das Gedächtnis an jenes Kind begehen, das in Betlehem geboren wurde, und ich möchte die bittere Not, die es schon als armes Kind zu leiden hatte, so greifbar wie möglich mit meinen eigenen Augen schauen.« Er bat einen Ritter Johannes, alles für dieses Fest so vorzubereiten, wie es im Evangelium geschrieben steht. Sieger Köder hat dieses Weihnachtsfest, das zum ersten Mal in der Christenheit mit einer Krippe gefeiert wurde, eindrucksvoll dargestellt.

1224: Franz empfängt die Wundmale auf dem Berg La Verna (Westfenster)

Zwei Jahre vor seinem Tod ging Franz mit mehreren Gefährten in die Einsamkeit des Berges La Verna. Dort wollte er vierzig Tage fasten und das Leiden Jesu betrachten. Um das Fest Kreuzerhöhung – 14. September – betete er, »daß ich dein Leiden spüren und deine Liebe empfinden möge«. Da begegnete ihm in einer Vision der Gekreuzigte als ein Seraph mit sechs Flügeln und prägte ihm die Wundmale ein als sichtbare Zeichen seiner Christusförmigkeit. Auch dieses Geschehen ist zum ersten Mal in der Geschichte der Christenheit bezeugt. Auf dieses Geheimnis wurde 1732 die Klosterkirche durch den Augsburger Weihbischof geweiht.

1225: Franziskus singt in Assisi den Sonnengesang (Südfenster)

Schwer krank und fast erblindet kehrte Franz in seinem letzten Lebensjahr nach Assisi zurück. Er hatte Schmerzen, wie wenn Ratten seinen Bauch auffressen würden. Am meisten aber litt er unter der dunklen Nacht, die seine Seele umdüsterte. Er war am Ende. Man errichtete ihm bei San Damiano eine Schilfhütte. Da brach in einer Nacht das Licht der Gnade in seine Seele ein, und er erfuhr aufs neue beglückend, daß Gott ihn liebt. Voll Freude sang er nun den Lobpreis auf seinen Schöpfer, dessen Liebe er in allen Geschöpfen erfuhr. Die beiden letzten Strophen dichtete er etwas später. Anlaß war ein Streit des Bischofs Guido mit dem Podestá Oportole Bernardi. Deshalb besang er Menschen, die schweres Leid tragen, verzeihen und Frieden stiften. So sieht man eine arme Indiofrau, einen Schwerkranken und vor allem eine Familie, in der das Kind, aber auch die Eltern Frieden und Versöhnung, Glück und Freude finden – auch ein Hinweis auf die Kinderdorffamilien.
Im Herbst 1226 spürte er den Tod nahen. Da sang er die letzte Strophe: »Willkommen, mein Bruder Tod ...«
Franz dichtete den Sonnengesang in altitalienischer Sprache und schuf so die älteste italienische Dichtung.

Weitere Kunstwerke von Sieger Köder

Der Altar ist ringsum bemalt nach dem Wort Jesu: »Wenn das Weizenkorn nicht in die Erde fällt und stirbt, bleibt es allein. Wenn es aber stirbt, bringt es reiche Frucht.«

Der Tabernakel stellt mit dem Bronzevorhang, aus dem ein Bergkristall strahlt, das Mysterium Gottes in die Mitte.
Das Altarkreuz ist dem Kreuz von San Damiano nachempfunden, das Franziskus einen wesentlichen Anstoß zur Nachfolge Christi gegeben hat. Es ist ein Osterkreuz.
Die Türe zeigt auf der Eingangsseite Zachäus im Baum und auf der Innenseite Schwalben und Spatzen, die auf dem Altar ihr Nest bauen, wie es Psalm 84 besingt.

Die barocke Madonna ist das einzige Werk, das nicht von Sieger Köder stammt. Sie wurde 1784 von P. Moyses für die Kapuzinerkirche geschnitzt und bemalt und ist seit der Aufhebung des Klosters das einzige Kunstwerk, das aus der alten Kirche erhalten ist. Deshalb ist die Madonna dem Kinderdorf so wertvoll.
Sie stellt Maria als die apokalyptische Frau dar (Offb 12), mit der Sonne umkleidet, den Mond zu ihren Füßen. Das Kinderdorf trägt ja als »Marienpflege« ihren Namen, auch wenn von der Gründung her zuerst die Tochter König Wilhelms I. damit gemeint war.

Barocke Madonna in der Franziskuskapelle

KOMMT,
TRETET EIN . . .

Ja, ich bin's selber, der Zachäus, der reiche Obersteuereintreiber in Jericho. Das Geschäft geht hervorragend in dem uralten Städtchen an der Karawanenstraße nach Arabien. Und schließlich gibt es auch am Winterpalast des Herodes etwas zu verdienen. Geld – kein Problem. Zwar schimpfen sie mich einen Gauner, einen Römerknecht, aber darüber lache ich. Mehr ärgert mich, daß ich nur so ein kleiner Dreikäsehoch bin.
Aber, und das habe ich noch niemandem gesagt: Ich habe dieses Leben satt. Das kann doch nicht alles sein: immer bloß Geld, Geld, Feste und Streit. An der Zollstätte haben sie oft von Jesus erzählt. Ob er mir die Ruhe wiedergeben könnte? Er soll ja bald durch unser Städtchen kommen. Ich muß ihn sehen. Aber wie? Ich hab's. Ich verstecke mich im Geäst eines Baumes an der Hauptstraße. Niemand sieht mich. Aber ich sehe ihn. Da kommt er schon. Ausgerechnet unter meinem Baum bleibt er stehen. Wie im Traum höre ich seine Stimme: »Zachäus, komm schnell herab. Heute will ich bei dir zu Gast sein.« Was haben die Leute geschimpft! Aber ich war glücklich. Stellt euch vor: Er hat mich angenommen, ausgerechnet mich. Und hat mir Heil und Frieden geschenkt.
Darum sage ich euch allen: Kommt schnell herein durch diese Tür. Auch ihr werdet Frieden und Heil durch ihn empfangen. So wie Bruder Franz. »Schwester Lerche« wird euch dabei vor allem nach Greccio begleiten.

Was tue ich Lerche mitten im Winter im kalten Assisi? Warum bin ich nicht mit meinen vielen Schwestern ins warme Afrika geflogen? Ob du verstehen kannst, daß ich einfach nicht mehr loskomme von Franziskus, seit er mich Schwester Lerche genannt hat? Er ist so gut, daß er sogar den Kaiser bitten will, daß die Menschen uns Lerchen nicht mehr fangen und braten dürfen. Er will mein Bruder sein. Dabei bin ich doch nur ein kleiner unnützer Vogel. Da hat er mir gleich widersprochen: Sag das nicht. Du kannst mit deinem Gezwitscher deinen Schöpfer täglich loben und ihm danken. Er hält dich ja ganz in seiner Hand geborgen wie der kleine Spatz, von dem Jesus einmal erzählte.

Nun weißt du, warum ich nicht nach Afrika geflogen bin. Ich will in seiner Nähe bleiben. An Weihnachten habe ich da Wunderbares erlebt. Viele Leute kamen in eine Höhle bei Greccio mit Fackeln. Sie brachten auch ihre Schafe mit und Ochs und Esel. Auf einmal entdeckte ich meinen Bruder Franz. Er hatte ein Kind in seinen Armen und lächelt zu mir hinauf. Ganz rot wurde ich vor Freude. Davon muß ich dir nun mehr erzählen.

Ist das schön! Ich kann mich nicht sattsehen von meinem Ölbaum aus! Da sehe ich Kinder und Hirten, auch Lämmer und sogar einen Wolf. In der Ferne erblicke ich über meinem Baum das Städtchen Assisi. Und vom Himmel leuchtet ein großer Stern, strahlt in die Höhle hinein auf Bruder Franz mit dem Kind, auf den Priester mit der Hostie, auf die Krippe, die Ministranten. Und die Felsen hallen wider vom Jubel.
Daß Franziskus bei der Mitternachtsmesse das Kind emporhält, darüber schweigen die alten Schriften. Doch sie erzählen, wie ein Mann ein Kind in der Krippe liegen sah, das Franziskus aus tiefem Schlaf weckte, »denn der Jesusknabe war in den Herzen vieler Menschen vergessen. Er wurde durch Bruder Franz wieder erweckt«. Franz singt das Weihnachtsevangelium und verkündet dem umstehenden Volk die Geburt des armen Königs, wobei er in Lobpreis über die kleine Stadt Betlehem ausbricht.
Sieger Köder hat in diesem Bild wohl die tiefste Freudenquelle von Bruder Franz dargestellt. Sie ist das Mysterium der Menschwerdung Gottes, die im Mysterium der Eucharistie inmitten der Schöpfungswirklichkeit vergegenwärtigt wird.

Oft umkreiste ich im Schwarm mit meinen Schwestern am frühen Morgen die mächtigen Türme der Burg. Nicht selten hatten wir dabei große Angst, denn in der Burg ging es wild zu, seit deutsche Ritter sie erobert hatten. Über sie schimpften die Leute drunten im Städtchen in allen Gassen. Als die meisten Ritter einmal ausgeritten waren, hatten die Leute die Burg ganz schnell erobert und zerstört. Schon damals ist mir Bruder Franz aufgefallen. Er war unter den vordersten, die kühn die Leiter an die Mauer legten und in die Burg eindrangen. Franz wollte damals ein großer Ritter werden.
Später traf ich ihn öfters, wenn er singend durch die Wälder des Monte Subasio streifte. Doch dann muß etwas Unsagbares mit ihm geschehen sein, denn wenn ich in den Gäßchen von Assisi etwas zum Fressen suchte, erblickte ich öfters seine Mutter mit verweinten Augen und hörte den reichen Tuchhändler Bernadone meinen Bruder Franz voll Wut anbrüllen. Ich wußte gar nicht, warum. Ganz schlimm war es, als der zornige Vater ihn vor dem Dom verstoßen hatte. Doch Franz warf ihm alle seine Kleider vor die Füße, und ich hörte ihn sprechen: »Von jetzt ab sage ich nicht mehr Vater Pietro Bernadone, sondern Vater unser im Himmel.« Dann ging er weg in die Wälder, nur mit einem braunen Sack bekleidet. Nun war er wie ich ein kleiner Vogel in Gottes Hand. Der ist ihm jetzt Vater und Mutter gewesen.

Nun sah ich ihn öfters aus dem Stadttor kommen, wie er auf einem Sträßchen dem baufälligen kleinen Kloster San Damiano zustrebte. Oft hat er dort lange gebetet. Einmal aber – es war 1205 – da war er wie umgewandelt. In Eile schleppte er Holz herbei, bettelte Steine und Mörtel und baute die zerfallene Kapelle wieder auf.
Wie hat er geschwitzt. Er war doch eine solche harte Arbeit gar nicht gewöhnt. Und zum Essen hatte er auch fast nichts. Aber er war fröhlich und sang beim Schaffen Gottes Lob. Den Leuten, die ihn spöttisch fragten, was er denn da Verrücktes tue, sagte er: »So hat der Gekreuzigte in der Kapelle zu mir gesprochen: Franz, siehst du nicht, wie mein Haus zerfällt? Geh, stelle meine Kirche wieder her.«
In der Begegnung mit dem Kreuz hatte er seine Sendung erfahren. Es dauerte allerdings noch Jahre, bis er endlich begriff, daß der Gekreuzigte nicht die Kirche aus Stein meinte, sondern die Kirche aus lebendigen Menschen. Diese war ja am Einfallen, weil sie zu reich, zu mächtig, zu hochmütig geworden war. Weil ihr Glaube oft verschüttet, ihre Liebe erkaltet, ihre Sendung vergessen war. Ihre Fassade war zwar noch großartig, aber roch es innen nicht nach Untergang und Einsturz?

Aber nicht nur San Damiano hat er geliebt. Oft habe ich ihn ins Tal hinunter begleitet zu der kleinen Feldkapelle Unserer lieben Frau von den Engeln. Auch sie war am Zerfall. Auch sie hat er wieder aufgebaut.
Wieder einmal war er dort und ministrierte dem alten Benediktinermönch bei der Feier der Eucharistie. Da muß etwas ganz Großes mit ihm geschehen sein, denn er tanzte vor der Kapelle voll Freude: »Nun weiß ich, was Gott von mir will. Beim Hören des Evangeliums wurde es mir geschenkt: Ich soll zu den Menschen gehen. Arm, ohne Schuhe, ohne Wanderstab. So soll ich ihnen das Reich Gottes verkünden und Frieden bringen.« Das war am Matthiasfest 1208.
Bald kamen auch die ersten Brüder, die wie er nach dem Evangelium leben wollten. Da war der reiche Kaufmann Bernhard, dann der Jurist Peter, der fromme Ägidius, der Priester Silvester, der ihn kurz zuvor noch als Narr verachtet hatte. Auch das adelige Mädchen Klara wollte wie er Christus buchstäblich nachfolgen. Es wurden immer mehr. Wie ein Waldbrand breitete sich die neue Bewegung aus. Kaum zehn Jahre später waren es zu Pfingsten schon um die 5000 Brüder, die auf den Wiesen um Portiunkula zusammengekommen waren, um in Gebet und Gespräch ihren Weg der Nachfolge Jesu in die Welt zu suchen.
Doch ich habe auch den traurigen Abend des 3. Oktober 1226 erlebt, als Bruder Franziskus in Portiunkula verstarb. Damals sangen die Brüder seine Strophe aus dem Sonnengesang: »Willkommen mein Bruder Tod, selig sind, die in seinem heiligsten Willen stehen.«

Wie bin ich froh, daß Bruder Franz sein Krippenfest nicht im prachtvollen Dom von Assisi gefeiert hat, inmitten von Marmor und Gold! Da hätte ich kleiner Vogel ja gar nicht dabei sein können. Hier in dieser Felshöhle ist es ganz anders. Zwar könnte hier auch mal eine Kapelle gewesen sein. Denn da stehen ja noch einige Backsteinwände. Ganz hinten sieht man sogar noch eine alte Säule mit einem Marienbild. Auch gibt es noch ein paar Stufen und zerbrochene Bodenplatten, auf denen gerade Marienkäferchen zur Krippe krabbeln. Bruder Franz hat wohl diese Höhle ausgewählt, weil sie ihn an die Höhle auf dem Hirtenfeld bei Betlehem erinnerte.
Unentwegt schaue ich in die dunkle Höhle hinein. Ist sie nicht wie der Mutterschoß der Erde, aus dem die geheimnisvolle Rose erblüht? Sie ist voller Geheimnisse.

Ich staune nicht wenig, wer sich da alles mitten in der kalten Nacht auf den Weg gemacht hat, um mit Bruder Franz zum ersten Mal das Weihnachtsfest als Krippenfeier zu begehen. Der Priester ist da. Natürlich gehört auch der Ministrant mit dem Rauchfaß zur Mitternachtsmesse. Reiche Leute allerdings suche ich vergeblich. Da ist der arme Hirte mit seinen Schafen. Der hat sicher noch nie viel gegolten in der Welt. Hier aber weiß er sich angenommen. Sogar einen Wolf kann ich sehen und einen Igel. Auch eine Maus, die neugierig aus ihrem Loch herauslugt. Und dann mit mir viele meiner Schwestern. Wir sind es, die heute nacht das Lob Gottes singen werden, denn Jesus ist auch uns Bruder geworden.

Zuerst hatte ich Angst, als ich den gefürchteten Wolf von Gubbio in die Höhle schleichen sah. Er war ja von schreckhafter Größe und grimmiger Wildheit, und es wurde ihm nachgesagt, daß er auch Menschen angefallen und gefressen habe. So hatte ihn auch der Maler zuerst gemalt, den Rachen weit aufgerissen, als wollte er das Lämmchen neben sich gleich zerreißen. Doch nun liegt er ganz friedlich neben dem Lamm und hat sogar die Pfoten gefaltet. Denn so erzählt die Legende, daß Bruder Franz ihm furchtlos entgegengegangen sei und ihm zugeredet habe: »Bruder Wolf, ich will Frieden machen zwischen dir und den Menschen.«

Bruder Franz hat auch andere, noch gefährlichere Wölfe gezähmt. Es waren die Menschen, die sich wie böse Wölfe anfallen und fressen wollten. Wie oft hat er Frieden gestiftet! Deshalb ist der Wolf von Gubbio an der Krippe so sinnvoll, denn es heißt ja schon beim Propheten Jesaja einmal: »Wenn das Friedensreich des Messias anbricht, dann wird der Wolf lagern bei dem Lamm, und man tut nichts Böses mehr auf meinem heiligen Berg.«

Über diese Gruppe habe ich mich anfangs schon ein bißchen gewundert. Die Hirtenfrau, die Schwester, die beiden Kinder, ja, sogar der Esel – sie schauen gar nicht auf zum Kind. Nur der Ochse tut es. Dann aber fühlte ich, daß sie tief innen in ihrem Herzen bewegt waren und über das Wunder nachdachten. So wie es von Maria in der Heiligen Nacht berichtet wird. Ob die Hirtenfrau in dieser Nacht wohl an jene wunderbare Stunde in ihrem eigenen Leben denkt, als man ihr ihr erstes geborenes Kind in die Arme gelegt hat? Oder ob sie darüber staunt, daß das Gotteskind am Weg geboren wurde und nicht in einem Königsschloß? Daß es arme Hirten und ihre Kinder waren, die als erste an der Krippe knieten so wie jetzt in der Höhle? Gewiß hat sie in dieser Stunde wie Bruder Franz gespürt, daß Gottes Liebe in dieser Welt demütige Liebe ist. Ist sie vielleicht damit näher bei ihm als viele gescheite Leute, die eine solche demütige Liebe nicht mit Gottes Größe in Einklang bringen können? Obwohl dies sogar der Ochse zu verstehen scheint!

Das freut mich besonders, daß Bruder Esel in dieser Nacht ganz vorne an der Krippe liegt. Auch er hat es oft nicht leicht mit den Menschen. Sie nützen ihn aus, schlagen und verachten ihn – ein dummer Esel. Wie oft habe ich seine gequälten Schreie in den Gäßchen von Assisi hören müssen.
Und der Bub? Vielleicht wurde auch er schon oft als Nichtsnutz und blöder Esel beschimpft? Ob es dem Christkind, das Bruder Franz in seinen Händen hält, einmal besser ergehen wird?
Und nun legt der kleine Ministrant gar noch versunken seine Arme um den Hals des Esels, ausgerechnet im heiligsten Augenblick dieser Nacht. Ein Bild des Friedens auf Erden. Weihnachten gilt nicht bloß für die Menschen. Es schafft Frieden auch mit dem Bruder Esel, mit dem Ochsen, mit dem bösen Wolf. Kinder und Tiere – sie mögen sich, sind fast wie echte Geschwister. Wie glücklich der Ministrant ist! Kleiner Bub, du gefällst mir …

Aber, Bruder Esel! Ich habe dich wohl zu früh gelobt. Geht das jetzt nicht zu weit? Während die Kinder, die Schafe, sogar der Wolf ganz fromm die Heilige Nacht begehen, denkst du nur ans Fressen. Und stibitzt sogar dem Kind das Stroh aus seiner Krippe!
Ach, Schwester, du meinst wohl, ich fresse, weil ich Hunger habe? Nein, mich bewegt etwas ganz anderes. Schau doch, wie die Menschen sich freuen, daß sie bald Jesu Leib empfangen dürfen! Auch wir Tiere sind fromm. Ich kann dir das nicht richtig erklären. Ich bin ja nur ein dummer Esel. Natürlich weiß ich, daß ich nicht wie Bruder Franz kommunizieren kann. Aber ein Büschel Stroh von der Krippe fressen, das möchte ich schon. Dann bin ich auf Eselsweise heute nacht auch ganz dabei.

Immer wieder muß ich zu den beiden Kindern hinüberschauen, die ganz versunken in den Lichtschein ihrer Kerzen blicken, während die Schwester ihren schützenden Arm um sie legt.

Es sind ja Kinder, die »am Weg geboren sind«, die Bruder Franz deshalb besonders lieb hat. Er hat ja auch die Aussätzigen geküßt, die Unerwünschten geliebt, die Verachteten gesucht. Die Ausgesetzten am Weg – das sind doch hilflose, wehrlose Kinder.

Den Anfang seines neuen Lebens hat er so beschrieben: »Es kam mir anfangs sehr bitter vor, Aussätzige zu sehen. Doch der Herr hat mich selbst unter sie geführt, und ich habe ihnen Barmherzigkeit erwiesen ... und alle meine Brüder sollen sich freuen, wenn sie mit Armen und Schwachen, mit Aussätzigen und Bettlern am Wege verkehren.«

Wie sollte sich da die Schwester nicht freuen, wenn sie solche Kinder in den Arm nehmen darf, sie küßt, mit ihnen lebt, wie auch Franz die Ausgesetzten angenommen und geküßt hat?

Lange habe ich nach ihr gesucht: Wo ist denn Maria, die Mutter Jesu? Mutig geworden flog ich ein Stückchen in die dunkle Höhle hinein und entdeckte ihr Bild auf dem Kapitell der alten Säule. Da kniet sie vor dem Engel Gabriel, der ihr Gottes »Liebesbrief« überbringt: »Maria, dich habe ich erwählt. Du bist arm, gewöhnlich, unbedeutend, aber voll der Gnade. Du sollst Mutter meines Sohnes werden. Er wird groß sein und Sohn Gottes genannt werden.« Da sagt Maria ganz schlicht: »Ja, ich bin die Magd des Herrn.«
Aber sie sollte es nicht leicht haben mit ihrem Glauben. Trotz allem ist sie an Gottes Wort nicht irre geworden. Vielleicht liebt Bruder Franz die Feldkapelle von Portiunkula deshalb so sehr, weil sie Maria von den Engeln geweiht ist.

Mehrmals mußte ich hinschauen: Da liegt ja gar kein Kind in der Krippe. Kann es auch gar nicht, denn die Krippe ist als kleiner armseliger Altartisch zugedeckt. Die Krippe als Altar – das ist Programm. Betlehem ist nicht süße Romantik um ein kleines nacktes Kind zwischen Ochs und Esel. Man könnte Weihnachten nicht tiefer mißverstehen. Bereits bei der Geburt des Kindes wird das Kreuz, der Altar sichtbar, wie es ein alter Hymnus besingt: »Der für uns am Holz des Kreuzes gestorben, ist vorher für uns im Holz der Krippe gelegen.« Die Krippe wird zum Altar, auf dem die Eucharistie gefeiert wird. Und das Kind scheint dies zu ahnen. Es hält die Ärmchen ausgebreitet wie zur Kreuzigung.

Wie hat Bruder Franz gerade die Eucharistie geliebt, aus ihr gelebt! Sein ganzer Alltag wird zum Hochgebet. Glaubend hat er erfahren, daß er Jesus, dem sein ganzes Herz gehört, am tiefsten in der Eucharistie begegnet. Sie bildet die Mitte seiner Frömmigkeit. In ihr singt er das Lob der Schöpfung, in ihr dankt er für Kreuz und Auferstehung, in ihr empfängt er durch das Wirken der Kirche Gnade und Freude und Vertrauen. In der Krippe, die zum Altar geworden ist, wird ihm die eindrucksvollste Vermenschlichung Gottes erfahrbar – schon wenige Monate nach Greccio wird er selbst die Wundmale empfangen.

illo
tempore
exiit

Ich kann mich nicht satt sehen: Bruder Franz hält das Kind in jubelnder Freude empor. Schaut doch, die größte Gnade ist das Mysterium der Inkarnation, das Geheimnis der Menschwerdung Gottes.
Aber auch der Priester hält den »Leib Christi« empor. Denn das war ja Jesu Vermächtnis: Er hat seine Liebe bis zum Äußersten sinnenhaft in Brot und Wein gegenwärtig gesetzt. Deshalb verschmelzen im Bild Kind und Hostie in eins. Die Menschwerdung Gottes wird heute und hier besonders vergegenwärtigt im Mysterium der Eucharistie. Dies ist die tiefe Botschaft, die der Künstler mit diesem Bild verkündet hat.
Und noch ein anderer Gedanke treibt mich um: Bruder Franz, du hältst doch bloß ein Baby einer italienischen Mutter in die Höhe. Das ist doch gar nicht das Christkind! Nachdenklich antwortet er: »Doch. Hat nicht Jesus mehrmals gesagt, daß jeder ihn aufnimmt, der ein solches Kind in seinem Namen aufnimmt? Jede Mutter, jeder Vater, jeder barmherzige Mensch, der zu einem Kind ja sagt, es vielleicht sogar aus dem Straßengraben aufliest, empfängt Kommunion, feiert Weihnacht, wird eins mit dem schwachen demütigen Jesus. Und wenn das angenommene Kind ihn dann mit strahlenden Augen anlächelt, dann hat ihn Jesus selber dankbar angelächelt.«

Wer kommt denn da angekrabbelt? Die Marienkäferchen, die schon draußen am Fuß des Baumes, auf dem Zachäus saß, unterwegs waren. Bald haben sie es geschafft. Ob sie sich wohl bis aufs Altartuch wagen? Da sind die Schnecken schon bedächtiger. Doch auch sie sind unterwegs zur Krippe. Gott liebt, so sagte Bruder Franz des öfteren, das Schwache, um das Starke zu beschämen. Deshalb liebte er auch das Lamm mit besonderer Innigkeit, weil er da unwillkürlich an das Lamm Gottes denken mußte, das zur Schlachtbank geführt wurde. Oft kaufte er deshalb ein Lämmlein los, das gerade zur Schlachtung weggeführt wurde, damit ihm nicht das Schicksal Jesu widerfuhr.

Da kommen sie aus ihren Verstecken. Vorsichtig schaut der Igel aus seiner Felsenspalte heraus, und auch das kleine Mäuslein blinzelt neugierig zur Krippe hinauf. Bruder Franz nannte alle Wesen, auch die geringsten, seine Brüder und Schwestern. Dabei dachte er an ihren gemeinsamen Ursprung aus dem Herzen Gottes.
Einmal hörte ich ihn sagen, daß es am Ende einen neuen Himmel und eine neue Erde geben werde. Da wurde ich ganz glücklich, daß auch wir Tiere, die Esel und die Ochsen, die Schnecken und die Igel, die Lerchen und die Spatzen auf der neuen Erde unser Plätzchen finden werden. Oder glaubt ihr, daß Bruder Franz im neuen Himmel und der neuen Erde ohne uns so richtig glücklich sein könnte?

Hättest du erst seine Freude an den Blumen gesehen! Wenn er im Sommer durch die Lande wanderte, sang er vor Freude über ihre bunte Vielfalt und Schönheit. Wenn Gott die Blumen, die doch bald verdorrten, so schön kleidete, wieviel mehr durfte er dann auf seine Liebe vertrauen!
Doch im Winter schlafen fast alle Blumen. Nur die Christrosen drängen aus allen Fels- und Erdritzen zum Blühen. Kleine, weiße Blüten aus kalter dunkler Erde. Wie können sie da nur so rein und blütenweiß sein?
Gleich dachte Bruder Franz an die wundersame Rose, die aus der Wurzel Jesse blühte. Denn alles auf Erden war ihm ja Gleichnis. Deshalb war sein ganzes Leben mit Freude und Dank erfüllt!

Ganz unten in der linken Ecke der Höhle liegt mitten unter Trümmern eine Steinplatte. Vermutlich ist sie vor langer Zeit von der Decke der Kapelle heruntergefallen. Da sieht man einen Esel mit einem Mann, der auf ihn einschlägt.
Ich hörte erzählen, wie vor langer, langer Zeit – das Volk Israel war gerade wunderbar aus der Knechtschaft Ägyptens befreit worden – ein Seher namens Bileam dieses Volk verfluchen sollte, damit der König von Moab es vernichten könnte. Doch Gott wollte, daß er das Volk segne. Deshalb versperrte ein Engel dem Esel den Weg. Bileam aber haute zornig auf ihn ein, weil er den Engel nicht sah, bis Bileam ein Gotteswort hörte und kündete:
»Spruch Bileams,
Spruch des Mannes mit dem geschlossenen Auge,
Spruch dessen, der Gottes Worte hört,
der eine Vision des Allmächtigen sieht:
Ich sehe ihn, aber nicht jetzt,
ich erblicke ihn, aber nicht in der Nähe:
Ein Stern geht auf in Jakob,
ein Zepter erhebt sich in Israel ...«
Diesen Stern hat das Volk Israel immer auf den erwarteten Messias gedeutet, auf König David und auf Davids Sohn, über den in Betlehem die Engel sangen: »Heut ist euch in der Stadt Davids der Heiland geboren, Christus ist's der Herr.«
Nun bin ich froh, daß diese Steinplatte die Zeiten überdauert hat, denn sie erzählt von einer jahrtausendelangen Sehnsucht und Hoffnung.

Strahlend leuchtet er auf, der Stern aus Jakob.
Bileams Segen ist erfüllt: Der Messias ist gekommen.
Ob es ein richtiger Stern war oder ein Komet oder gar eine seltene Konstellation der Gestirne – in dieser Nacht geht es nicht um Astronomie. In diesem Stern ist gleichnishaft Jesus gemeint, von dem das Evangelium kündet:
»Das wahre Licht, das jeden Menschen erleuchtet,
kam in die Welt.
Und das Licht leuchtet in der Finsternis,
aber die Finsternis hat es nicht erkannt.«
Deshalb überstrahlt der »Stern aus Jakob« auch dieses Weihnachtsbild. Er sagt zusammenfassend, wer dieses Kind ist, das da in der Krippe liegt. Deshalb heißt es von den Magiern: »Da sie den Stern sahen, hatten sie eine überaus große Freude.«
Als ob auch die Sterne die Ehre Gottes in besonderer Weise künden sollten, ist der »Stern aus Jakob« eingerahmt vom astronomischen Wintersechseck, das man am nördlichen weihnachtlichen Himmel sehen kann: den Rigel im Orion, den Sirius im Großen Hund, den Procyon im Kleinen Hund, den Aldebaran im Stier, die Capella im Fuhrmann, sowie Castor und Pollux in den Zwillingen.

Um das Leiden Jesu zu betrachten, war Bruder Franz im August 1224 in die Einsamkeit des Berges La Verna gegangen. Um das Fest Kreuzerhöhung stieß ein Seraph mit Feuerflügeln, der an ein Kreuz genagelt war, auf ihn herab und prägte ihm die Wundmale Jesu ein: »Große Wonne durchdrang ihn und noch größere Freude erfaßte ihn über den gütigen gnadenvollen Blick, mit dem er sich betrachtet sah, dessen Schönheit unbeschreiblich war. Doch das Hängen am Kreuz und die Bitterkeit seines Leidens erfüllte ihn mit Entsetzen. Voll Trauer und Freude zugleich erhob er sich. Er spürte die Male der Nägel, die er zuvor am Gekreuzigten gesehen hatte, sichtbar werden, ebenso an seiner Seite eine Wunde, aus der häufig Blut floß.« Man sieht die drei Jünger in einer Hütte am Fuß des Berges, während Bruder Franz einsam über ihnen Jesus begegnet, dem er nun bis in die Wundmale buchstäblich gleichförmig geworden ist. Sie waren sein Geheimnis. Deshalb versuchte er sie möglichst zu verbergen. Er wollte ja nur der demütige kleine Bruder unter den andern Menschen sein.

Noch in der ersten Ergriffenheit der Stigmatisation schrieb Bruder Franz für Bruder Leo mit eigener Hand diesen Lobpreis Gottes (Auszug):

Du bist der heilige Herr, der alleinige Gott.
Du bist der Starke.
Du bist der Große.
Du bist der Erhabenste.
Du bist der allmächtige König, du heiliger Vater.
Du bist der dreifaltige und eine Herr, der Gott aller Götter.
Du bist das Gute, jegliches Gut, das höchste Gut.
Du bist die Liebe, die Minne.
Du bist die Weisheit.
Du bist die Demut.
Du bist die Schönheit.
Du bist die Sicherheit.
Du bist die Ruhe.
Du bist die Freude.
Du bist unsre Hoffnung und Fröhlichkeit.
Du bist die Gerechtigkeit.
Du bist all unser Reichtum zur Genüge.
Du bist die Schönheit.
Du bist die Stärke.
Du bist unsere Hoffnung.
Du bist unser Glaube.
Du bist unsere Liebe.
Du bist unsere ganze Wonne.
Du bist unser ewiges Leben: Großer und wunderbarer Herr,
allmächtiger Gott, barmherziger Retter.

1225 – ein Jahr vor seinem Tod. Bruder Franz lag schwer krank und fast erblindet in der Schilfhütte bei San Damiano. Als ihm in einer Nacht aufs neue die Gewißheit zuteil wurde, daß Gott ihn liebte, sang er den Lobpreis Gottes auf die gesamte Kreatur. Neben den Gestirnen jubelte er über die vier Elemente, von denen man damals glaubte, daß sie die Grundbausteine der Welt seien: Luft, Wasser, Feuer, Erde. Sie alle nannte er seine Schwestern und Brüder. Viele Jahrhunderte, bevor die Naturwissenschaft die Entwicklung der Arten entdeckte, drückte er dichterisch aus, daß wir im Strom des Lebens alle zusammengehören und in Gottes Hand geborgen sind.
Die vorletzte Strophe sang er erst 1226, im Jahr seines Heimgangs. Er hörte von einem häßlichen Streit des Bischofs mit dem Bürgermeister und wollte Frieden stiften. In dieser Strophe wird von Menschen erzählt, die wie er in schwerer Not sind und doch verzeihen und Frieden stiften.
Da sieht man eine arme Indiofrau aus Peru, die nicht weiß, wie sie ihren Kindern Nahrung geben kann, da preist er einen Schwerkranken, der sein Leid erträgt im Frieden. Und da ist eine Familie, in der das Kind immer wieder Versöhnung und Frieden, Glück und Freude findet. Aber nicht nur das Kind, sondern auch seine Eltern, besonders aber die Kinder des Kinderdorfes.
Die letzte Strophe sang er vor seinem Sterben: »Willkommen, mein Bruder Tod.« Auf beiden Häuptern sieht man schon die roten Strahlen der Ostersonne aufleuchten, »denn der Tod wird nicht mehr sein, keine Trauer, keine Klage, keine Trübsal«. Deshalb endet der Sonnengesang in nichts als Dank und Lob.

Erhabenster, allmächtiger, guter Herr,
dein sind der Lobpreis, die Herrlichkeit
und die Ehre und jegliche Benedeiung.
Dir allein, Erhabenster, gebühren sie,
und kein Mensch ist würdig, dich zu nennen.

Gepriesen seist du, mein Herr,
mit allen deinen Geschöpfen,
zumal der Herrin, Schwester Sonne,
denn sie ist der Tag,
und spendet das Licht uns durch sich.
Und sie ist schön und strahlend in großem Glanz.
Dein Sinnbild trägt sie, Erhabenster.

Gepriesen seist du, mein Herr,
durch Bruder Mond und die Sterne,
am Himmel hast du sie gebildet,
hell leuchtend und kostbar und schön.

Gepriesen seist du, mein Herr,
durch Bruder Wind und durch Luft und Wolken
und heiteren Himmel und jegliches Wetter,
durch welches du deinen Geschöpfen den Unterhalt gibst.

Gepriesen seist du, mein Herr,
durch Schwester Wasser,
gar nützlich ist es
und demütig und kostbar und keusch.

Gepriesen seist du, mein Herr,
durch Bruder Feuer,
durch das du die Nacht erleuchtest;
und es ist schön und liebenswürdig
und kraftvoll und stark.

Gepriesen seist du, mein Herr,
durch unsere Schwester, Mutter Erde,
die uns ernährt und lenkt
und mannigfaltige Frucht hervorbringt
und bunte Blumen und Kräuter.

Gepriesen seist du, mein Herr,
durch jene, die verzeihen um deiner Liebe willen
und Schwachheit ertragen und Drangsal.

Selig jene, die solches ertragen in Frieden,
denn von dir, Erhabenster, werden sie gekrönt.

Gepriesen seist du, mein Herr,
durch unseren Bruder, den leiblichen Tod;
ihm kann kein Mensch lebend entrinnen.
Wehe jenen, die in schwerer Sünde sterben.

Selig jene, die sich in deinem allheiligen Willen finden,
denn der zweite Tod wird ihnen kein Leides tun.

Lobet und preiset meinen Herrn
und erweist ihm Dank
und dient ihm mit großer Demut.

Da steht er, der wirkliche Altar, auf dem täglich das Wunder der Eucharistie gefeiert wird. Seine vier Seiten sind bemalt. Da sieht man zuerst, wie auf dem Acker die Samenkörner keimen und Wurzeln schlagen, dann die heranwachsenden grünen Reben und Ähren, schließlich die reifen Früchte mit Brot und Wein.
Wenn Bruder Franz noch lebte – hier würde er anbetend verweilen. Denn was er 1223 in Greccio mit allen Sinnen gefeiert hat, hier auf dem Altar wird die Inkarnation für heute gegenwärtig.
Was er 1224 auf La Verna in Schmerz und Freude zugleich erfahren hat, hier werden täglich das Kreuz und die Auferstehung wirklich.
Was er 1225 im Sonnengesang dem Schöpfer als Dank dargebracht hat, hier wird dem Vater durch Christus der tiefste Dank zuteil.
Hier am Altar ist seine eigentliche Mitte. Am Altar hat für Bruder Franz die Sendung in die Welt ihren Anfang.

Ein eindrucksvolles Gleichnis: ein ganzer Acker voll keimender Samenkörner. So hat Jesus vor seinem Sterben gesagt:
»Wenn das Weizenkorn nicht in die Erde fällt und stirbt,
bleibt es allein.
Wenn es aber stirbt, bringt es reiche Frucht.
Wer an seinem Leben hängt, wird es verlieren.
Wer aber sein Leben in dieser Welt gering achtet,
wird es bewahren ins ewige Leben.«
Man könnte fast meinen, daß Jesus dieses Wort im Hinblick auf Bruder Franz gesprochen hat, so sehr kennzeichnet es sein Leben, sein tägliches Sterben, seine tägliche österliche Freude.
Nicht umsonst hat er in seinem Testament geschrieben:
»Der Herr gab mir einen solchen Glauben, daß ich einfach betete: Wir beten dich an, heiligster Herr Jesu Christ, hier und in allen Kirchen, denn durch dein heiliges Kreuz hast du die Welt erlöst.«

Schau das Wunder des Lebens: die goldenen Ähren, die blauen Trauben! Schau das Brot und den Becher mit Wein, die Frucht der Erde und der menschlichen Arbeit.
Bruder Franz war ein radikaler Materialist. Mit allen Sinnen liebte er die Materie. Weil er ihren Schöpfer liebte.
Aber die Materie war ihm Geschenk, nicht billiger Steinbruch zur Ausbeutung.
Die Materie war ihm auch Gleichnis, Stufe auf dem Weg zur Anbetung Gottes in allen Dingen.
Am glücklichsten aber machte ihn der Glaube, daß die Materie selbst Gefäß und Träger des Göttlichen wird,
daß gewöhnliches Brot sakramental »Brot des Lebens« wird,
daß gewöhnlicher Wein sakramental »Kelch des Heiles« wird,
daß der zarte Leib, der in Betlehem in der Krippe lag, Sohn Gottes ist. Wer könnte radikaler und höher über die Materie denken als der Christ?
So sah Bruder Franz sein ganzes Leben als ein einziges »Zurückerstatten« an, als ein einziges Danken und Lieben, wie er es uns in seinem Testament als Vermächtnis hinterlassen hat:
»Darum laßt uns alle Güter dem erhabenen und höchsten Herrn zurückerstatten und für alles Dank sagen.«

Wer könnte Gott je begreifen! Welcher Geist könnte ihn je erfassen! Nur seinen Spuren können wir staunend folgen, ehrfürchtig den Sternenhimmel betrachten, die Welt der Atome erforschen, dem Wunder des Lebens in seinen vielfältigen Formen nachgehen. Nur seinen Mantelsaum können wir berühren und anbetend niederfallen.
Ganz einfach hat der Künstler in dieser Demut den Tabernakel gestaltet. Man sieht nur einen Vorhang aus Bronze: »In Demut bet ich dich, verborgene Gottheit, an.« Doch ein glasklarer Bergkristall hat den Vorhang einen kleinen Spalt geöffnet. Niemand hat Gott je gesehen. Jesus, der am Herzen des Vaters ruht, er hat uns Kunde gebracht.

Ist das nicht das Kreuz von San Damiano, das zu Bruder Franz gesprochen hat? Nein, der Künstler hat nur seine Außenform gewählt. Er hat ein Osterkreuz gestaltet, ein Auferstehungskreuz. Jesus ist nicht mehr da, er ist auferstanden. Die Fesseln sind zerrissen. Man sieht nur noch den schwachen Abdruck, wo der Leib Jesu angenagelt war.
Über seinem Haupt aber ist die Hand Gottes sichtbar, so wie im Kreuz von San Damiano auch. Und diese Hand greift herunter auf die Erde. Denn Gott handelt mit uns Menschen:
Deshalb schenkte er uns die Wunder der Schöpfung.
Deshalb schenkte er uns seinen Sohn, in dem wir Gottes Liebe bis zum Äußersten erfahren.
Deshalb stiftete er das Ursakrament, die Kirche, durch die er bei uns bleibt bis ans Ende der Welt.
Deshalb hat Sieger Köder in die Hand Gottes auch in hebräischer Sprache den Gottesnamen geschrieben, der dem Mose geoffenbart wurde: »Ich bin, der ich bin da.« In Bruder Franz können wir erkennen, was Gott auch in uns wirken könnte, wenn wir uns ihm öffnen würden. Denn er ist da.

Noch einmal sind es Vögel, die uns zum Abschied das Lied zwitschern, das die Pilger sangen, wenn sie nach langer Pilgerschaft endlich den Tempel erblickten:
»Meine Seele verzehrt sich in Sehnsucht nach dem Tempel des Herrn. Mein Herz und mein Leib jauchzen ihm zu, dem lebendigen Gott. Auch der Spatz findet ein Haus, die Schwalbe ein Nest für ihre Jungen – deine Altäre, mein Herr und mein Gott. Wohl denen, die in deinem Hause wohnen, die dich loben allezeit. Denn der Herr ist Sonne und Schild. Wohl dem, der ihm vertraut« (Psalm 84).
Die Schwalben und Spatzen machen es uns vor: Sie bauen ihr Nest am Altar. Wo könnten wir unser »Nest« besser bauen als in Gottes gute Hand? Von ihm gehalten, können wir unsern Weg in die Welt wagen, denn er ist uns Sonne und Schild. Wohl dem, der ihm vertraut.

Wie alles begann …

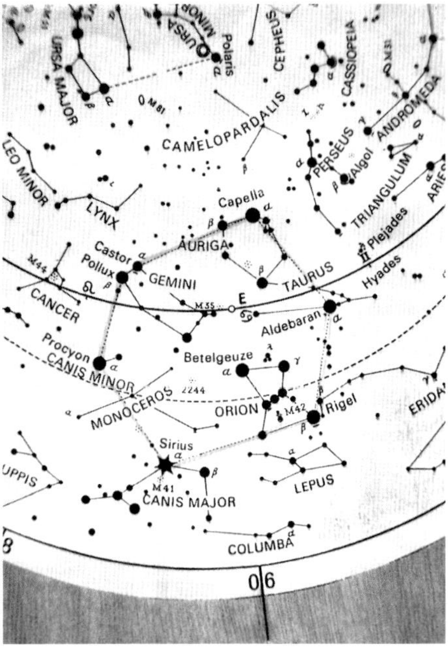

Sternenkarte mit dem astronomischen Wintersechseck

Entwurfzeichnung für die Höhle

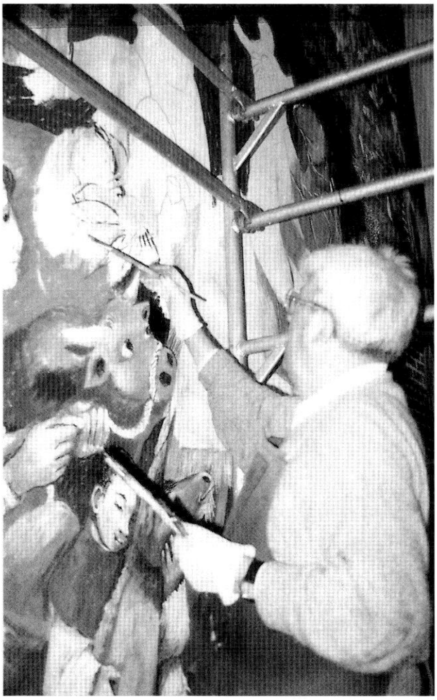

Sieger Köder beim Malen des Wandbildes

Sieger Köder auf dem Gerüst

Sr. Friedlinde Hoffmann beim Ausmalen des Wandbildes

Sieger Köder beim Malen des Wandbildes

Entwurf für das Wandbild mit Höhle

Ausgemalter Entwurf für das Wandbild

Ausgemalter Fensterentwurf, Stigmatisation

Ausgemalter Fensterentwurf, Sonnengesang

Erwin Knam, geboren 1926, Studium der Katholischen Theologie und Pädagogik in Tübingen und Ravensburg. Priesterweihe 1951. Seit 1959 Direktor des Kinder- und Jugenddorfes Marienpflege in Ellwangen/Jagst.

Sieger Köder, geboren 1925, Studium an der Kunstakademie Stuttgart, 1954 bis 1965 Kunsterzieher in Aalen. Studium der Katholischen Theologie in Tübingen und München. Priesterweihe 1971. Bis 1995 Pfarrer in Hohenberg und Rosenberg. Zahlreiche Arbeiten im Kirchenraum; Ölbilder, Zeichnungen, Illustrationen.

Die Fenster *Sonnengesang* und *Stigmatisation* wurden hergestellt in der Glaswerkstätte Sternbacher, Unterkochen.

Fotonachweis
Erwin Knam, Ellwangen: III, 6, 11, 86, 87 (links), 88, 89
Hermann Zeuner, Aalen: 87 (rechts)
Joachim Feist, Pliezhausen: alle übrigen